20분
 5+
2~5인

한국사 대모험
역사 카드게임 ②

XOPLAY

안중근 & 허준 카드세트
94장 포함!

처음부터 배우는 역사 카드게임!

한 팩으로 **3가지 게임**을 즐겨봐!

 역사 매칭
 역사 배틀
 역사 퀴즈

도전!

허준 주시오~

Dankkumi (주)엑스오플레이 제품문의 : 070.7500.8668 이메일 : xoplay@xoplay.kr XOPLAY
© Dankkumi / Soul Creative / LG Uplus. All Rights Reserved.

초판 1쇄 인쇄 | 2024년 9월 6일
초판 1쇄 발행 | 2024년 9월 13일

발행인 | 박세원
총괄 | 황다미
기획 | 최미정, 이승훈
디지털 개발 | 박찬규, 이수한
디자인 | 김희정, 원영준, 김서이, 김준희
편집 | 선종찬
마케팅 담당 | 정재학, Hermine Portejoie
제작 담당 | 장윤애
영업 담당 | 김은성, 송지훈, 박창신
발행처 | ㈜엑스오플레이
출판등록일 | 2024년 5월 8일
등록번호 | 제2024-000105
주소 | 서울시 마포구 독막로 15길 24
전화 | 070 7500 8668

홈페이지: xoplay.kr | 인스타그램: @xoplay.kr | 유튜브: '엑스오플레이' 검색

ISBN 979-11-987797-1-7
ISBN 979-11-987797-2-4 (세트)

본 제품은 주식회사 단꿈아이와 상품화 계약에 의거 제작, 생산되오니 무단복제시 법의 처벌을 받습니다.

* [시간의 문]을 꼭 먼저 스캔해주세요.

우리나라 최초의 여왕 선덕여왕의 [통솔력!]

AR PLAY!

>> 한국사 대모험 앱을 실행하고 아래 이미지를 스캔해보세요!

선덕여왕

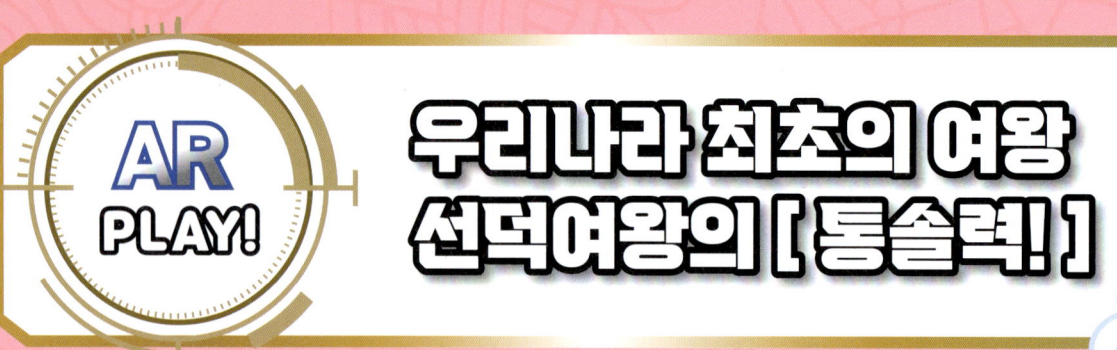

열려라, 시간의 문!

* [시간의 문]을 꼭 먼저 스캔해주세요.

홍익인간 정신
단군왕검의 [인품!]

>> 한국사 대모험 앱을 실행하고 아래 이미지를 스캔해보세요!

단군왕검

가슴엔 의식을!

* [시간의 문]을 꼭 먼저 스캔해주세요.

조선 최고의 명의 허준의 [현명함!]

>> 한국사 대모험 앱을 실행하고 아래 이미지를 스캔해보세요!

허 준

머리엔 지식을!

* 모바일 QR로 앱을 받아주세요.

 **시간의 문을 완성시켜라!!**

>> 한국사 대모험 앱을 실행하고 아래 이미지를 스캔해보세요!

 AR 역사 탐험 게임

 허준  단군왕검  선덕여왕

전시관 등록 AR카드

1

시간의 문을 스캔해 주세요.

2
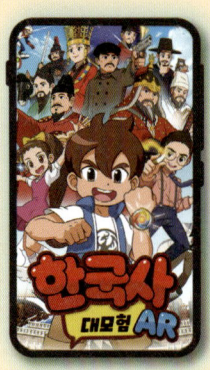
매뉴얼에 따라 문제를 풀어주세요!

3
완성된 시간의 문을 클릭해서 AR전시관으로 입장!

4

위인 전시관 옆에 카드를 등록해주세요!

5

카드를 스캔하여 AR영상을 즐겨요!

6

전시관 액자에 위인카드 등록 성공!

* 모바일 QR로 앱을 받아주세요.

AR PLAY!

엑스맨을 잡아라!!

>> 한국사 대모험 앱을 실행하고 아래 이미지를 스캔해보세요!

에이~
제가 봤는데요~~?
왜 우신 거에요??

흠흠...
울지 않았대두..!

여기 이렇게 있으니까 갑자기 지난 날들이 떠오르는구나...

스아…

신라도 이제 끝입니다 끝!!

여자가 왕이라니?
이게 말이 됩니까?

선덕여왕

두리번
두리번

쟤엄
주섬

이것들을 팔면
돈 좀 되겠는걸...

씨억

다닷

한국사 대모험 제6화
선덕여왕

으아악!!! 매번 저 녀석 때문에 계획이 실패하고 있어!! 역사를 바꾸는 것보다 먼저 저 녀석부터 처리해야...

오!! 마침 시간 터널이 열렸어!!

그렇다면 이번엔! 너희들부터 없애주마!!! 하하하하하하!!

* 모바일 QR로 앱을 받아주세요.

AR PLAY!
엑스맨을 잡아라!!

>> 한국사 대모험 앱을 실행하고 아래 이미지를 스캔해보세요!

그럼 단군왕검은 어떻게 합니까?

크흠

그건... 저도 모르죠...

으~음...

네에?!!

온달아! 그런 무책임한 말이 어디 있어?

하아...

이쪽입니다!
이쪽으로 피하세요!

꾸구구구구구

여러분!
저쪽으로
피하세요!

화들짝

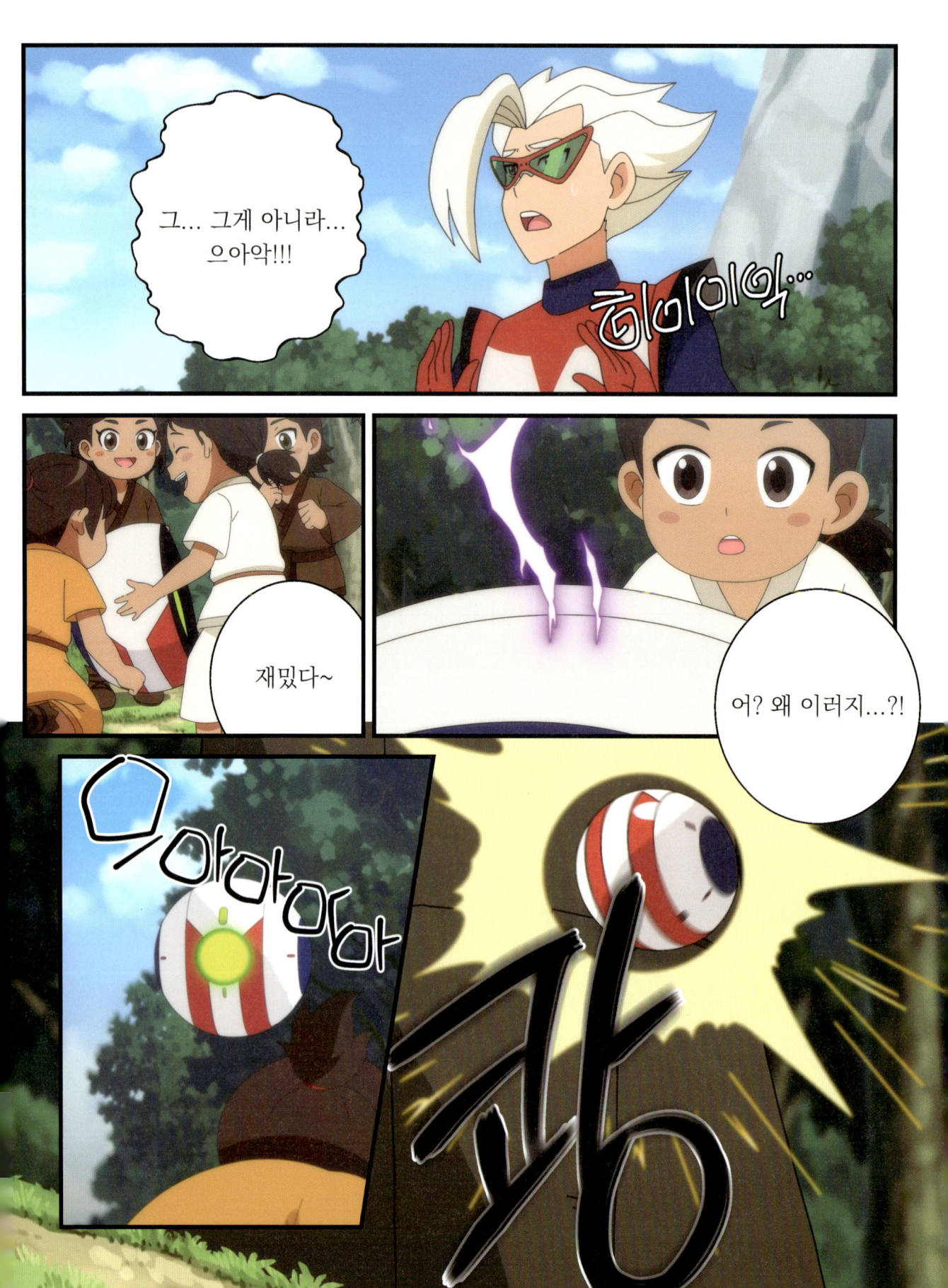

낄낄낄...
바보 같은 호랑이부족 녀석들, 나를 신의 사자라고 믿다니...
크크, 속이기 너무 쉽구만~~

이 가짜 녀석...
얘들아!!
저 녀석을 혼내 주자!!

뿌드득

네?
그게 무슨 뜻이죠?

여기 서있으면 부족 사람들이 한눈에 다 보이거든요...

저 아래에서 모두들 집을 짓고, 농사를 지으며 살고 있잖아요...

무엇보다 그렇게 일하면 단군왕검이 널리 사람을 이롭게 하는 진정한 힘이라는 뜻입니다!

그러니까 여기에 서 있으면... 아... 뭐였지? 아!! 항상 저 사람들을 잘 살게 하려고 고민하니까...

111

하하하, 어떻습니까?
제가 직접 만든 것입니다!
전쟁에 유리한 저 성이야말로
단군왕검의 진정한 힘을 보여주는
최고의 방법입니다!

헉!!

어떻게 이런 걸 만드셨지?

역시 신의 사자!!
신의 능력을
보여주셨어!!!

하...!

으... 힘을 어떻게 보여 주란 말이야?

어디 검색 한 번 해볼까?

됐어... 좋아! 이게 좋겠군...!!

네~!!
이렇게 해서 두 번째 대결은 온달님이 이겼습니다!!

현재 점수는 각각 일대일로 동점! 이번 마지막 대결에서 이기는 사람이 단군왕검으로 결정됩니다! 세 번째 대결은 바로...

단군왕검의 진정한 힘은 무엇일까요?

으하하

꿀꺽

와, 재밌겠다!

오! 보잘것없는 진흙이지만 아이들이 행복하게 놀고 있습니다.

와! 정말 놀라운 지도력입니다!!

자, 손으로 이렇게 하면... 짠! 멋진 지붕이 만들어졌지! 너는 요기 길을 만들어 줄래? 우리 같이 마을을 만들어보자!

자~! 이제부터 단군왕검 결정을 위한 대결을 시작하겠습니다~!!

대결은 총 세 가지가 진행되며 먼저 두 대결에서 이긴 사람이 단군왕검으로 결정됩니다!

자! 그럼 바로 첫 번째 대결을 시작하겠습니다! 단군왕검은 우리 부족의 규칙도 잘 알아야 하는데요...

문제입니다! 만약 부족민이 다른 사람에게 상처를 입히면 어떻게 될까요?

짜잔!!

짜잔! 설쌤과 함께하는 단군왕검 문제집! 내가 예상 문제들을 뽑아 봤거든? 일단 이걸로 공부하자!

뜨헉!! 그렇게 두꺼운 책으로요?

8조법
남을 다치게 한 자는 곡식으로 배상을 해야 한다.

자~ 여기 8조법에 밑줄 쫙! 별표 땡땡!! 남을 다치게 한 자는 곡식으로...

이렇게 하는 건 어떻습니까? 대결을 통해 둘 중에 누가 더 단군왕검에 어울리는 인물인지 정하는 겁니다!

대... 대결?!!

좋소!!!

시끌
시끌

엑스맨! 말 좀 해봐!! 정체를 밝혀!!

하!

와... 우와!! 저 거짓말하는 것 좀 봐!! 우와~!!!

그흠

도대체 무슨 소리를 하는 건지 모르겠군요... 저를 아십니까?

* 모바일 QR로 앱을 받아주세요.

AR PLAY!
엑스맨을 잡아라!!

≫ 한국사 대모험 앱을 실행하고 아래 이미지를 스캔해보세요!

의원님~!
로빈을 살려주셔서
고맙습니다.

벌써 몇 번째
인사를 하는 거요...
의원으로서
당연한 일을 했거늘...

그것보다...
워낙 맹독에 중독되었던 터라
해독제 역시 독하게 써야 했소.
이후 강아지에게 부작용이
생길까 걱정되는구려...

크흠

부웅!

샥샥

휘오오오…

하하! 못 맞췄지?

으아악

쓰윽

오잉?!

요 녀석!

파악

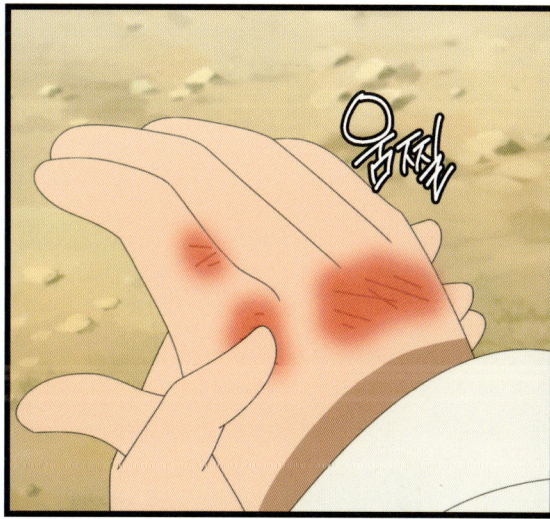

아니, 이게 무슨 짓이오!!

에헴!!
보약 한 제 지으러 왔는데
이리 소란스러워서야
원...

쳑

헤엑!
이거 놔요!!
이런 게
어디 있어요?

타악

누군 되고
누군 안 되고!!

뭐... 뭐라고?!!
네 이놈~~!!
네가
제정신이 아니구나!!!

하...!

저 아저씨 하나도 안 아파 보이는데.

좋아... 그렇다면...!! 비장의 방법을 쓰는 수 밖에...

설쌤!

설쌤! 여기가 어디예요?

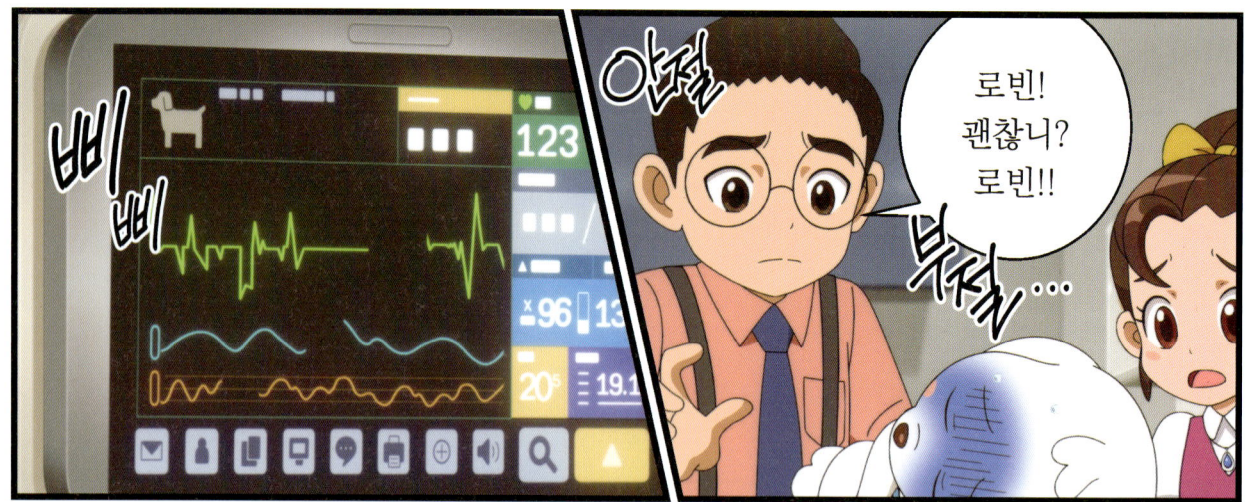

제 4화 허준

엑스맨의 독약을 먹고 쓰러진 로빈!
다 함께 로빈을 구하기 위해 조선 최고의
명의 허준을 만나러 가자!

제 5화 단군왕검

단군왕검의 자리를 빼앗으려는 엑스맨,
그리고 이를 막으려는 온달 일행!
과연 단군신화를 지켜낼 수 있을까?

제 6화 선덕여왕

자신이 훌륭한 부마가 될 수 있을지
불안해진 온달, 자신감을 되찾기 위해
스스로를 믿는 선덕여왕을 만나다!

시간의 문을 열어라!

모바일로 즐기는 AR 역사 탐험 게임!
· 엑스맨을 찾아라!
· 시간의 문을 완성시켜라!

 # 등장 캐릭터 소개

온달

한글을 누가 만들었는지도 모르는 '역사 바보'였지만, 설쌤과 역사 여행을 하며 '지덕체'를 배워 나갑니다.
과연 온달은 무사히 역사 여행을 마치고, 고구려의 부마이자, 훌륭한 장수가 될 수 있을까요?

평강

온달이 부마로 인정받을 수 있도록 함께 역사 여행을 떠나는 고구려의 공주로, 온달이 계략에 빠질 때마다 함께 해결하고 싶어 하지만, 공주라는 신분 때문에 쉽게 나서지 못합니다.

설쌤

역사에 관해 모르는 게 없는 고구려의 대학자로, 역사 지식이 부족한 온달을 평강의 부마로 만들기 위해 노력하고 있습니다.
용의 송곳니를 갈아 만든 마법의 분필을 사용해 시간 여행을 하는 능력자 입니다.

엑스맨

역사를 바꾸어 스스로 영웅이 되려는 사악한 야망을 가진 미래에서 온 천재 과학자로, 역사 속으로 들어가 여러가지 사건과 소동을 일으켜 온달과 설쌤 일행을 방해하고 위인들의 업적을 가로채려는 거대한 음모를 꾸미고 있습니다.

로빈

설쌤이 키우는 귀여운 반려견으로 위기의 순간이 닥칠 때면 온달 일행을 지키는 정의롭고 용감한 강아지 입니다.

 © Dankkumi / Soul Creative / LG Uplus . All Rights Reserved.